T0115107

Enventarse na vita/
To Invent a Life

Poems in the Trentino Dialect and English

Antonia Dalpiaz

Translated by

Michael F. Capobianco

and
The Author

authorHOUSE®

AuthorHouse™
1663 Liberty Drive
Bloomington, IN 47403
www.authorhouse.com
Phone: 1-800-839-8640

Published by AuthorHouse 1/22/2013

ISBN: 978-1-4817-0960-6 (sc)
ISBN: 978-1-4817-0961-3 (e)

Library of Congress Control Number: 2013901078

Table of Contents

Prologo

Chi più del bambini si "inventa la vita" giorno dopo giorno, creando situazioni e possibilità sempre stimolanti e ricche di fantasia? Accompagnata da questa riflessione, ho sfogliato i disegni dei miei figli Elena e Alberto, composti durante gli anni trascorsi alla Scuola Materna. In essi ho trovato "l'immagine della parola", la traduzione in segno, colore e forma di un mio pensiero poetico. La loro gioia di vivere espressa in disegni semplici, ma ricchi di significato, è la chiava giusta per raccontare, insieme, di "una vita inventata" giorno dopo giorno, cercando di catturarne il respiro gioioso e positivo. Un grazie immenso a loro, perché mi danno sempre la sensazione di camminare nel l'arcobaleno.

Prolog

Who more than a child can "invent a life", day after day, always creating stimulating and fantasy-rich situations and possibilities? Having in mind this thought I paged through the drawings of my children Elena and Alberto, done during their time in the *Scuola Materna*. In them, I found "the image of the word", the translation in signs, colors and forms of my poetic spirit. Their *joie de vivre,* expressed in simple drawings, rich in significance, was exactly the "key" enabling them to tell about "an invented life", day after day, searching to characterize their joyful and positive spirits. An immense "thank you" to them because they always bring to me the sensation of walking on a rainbow.

Enventarse na Vita

Sarìa si bèl
enventarse na vita
robando arcobaleni
ai òci dei pòpi
e zìcole de luna
a chi gòde la sera
slargada fòra
come na ventàla
sui ultimi colori
de na giornada piena.

To Invent a Life

It would be so wonderful
to invent a life,
stealing rainbows
from the eyes of children,
and a sliver of moon
from those who favor the night
spread out
like a fan
on the final colors
of a full day.

Ale de 'mprést

Ale de 'mprést
per i me brazzi stràchi
quando la nòt
l'è giòmi de ombrìe
e la luna la ciama
per desgartiàr i sogni
Ale de 'mprést
Per carezzar le stele
E brusar en la còa dele cométe,
cavai che no gà paze
su sintéri de vent.

Borrowed Wings

Borrowed wings
for my tired arms
when the night
is a sphere of shadows
and the moon calls
to unravel dreams.
Borrowed wings
to caress the stars
and burn in the tail of comets
agitated horses
on the scent of the wind.

Al tèmp che passa

Sgrifa
pitòst che nar
senza tocarme
lassàndome la boca
malsaorìda.
No i è per mi
quei silènzi 'ncantadi
che 'ndorménza la luna
sui coèrti.
Vòi esser guìndol
che gira come en mat
sui salesàdi,
foia ancor viva
a spazzòn per i pradi,
saltamartìn
en zerca de emozion
embriàch de colori
'ntrà i rosari.

To the Time That Elapses

Wound me
rather than going
without touching me
leaving me a bitter
mouth.
They are not for me
those enchanted silences
which put the moon to sleep
on the rooftops.
I wish to be a reel
which spins like crazy,
a leaf still living
meandering on the meadows,
an easel
in search of emotion,
intoxicated with colors
among the rose gardens.

Vòie presonére

Se 'n dì me troveré
arènt a qualche zésa,
la testa straca
sconduda en tra le pùme,
toléme su da tèra
per piazér,
sofiandome 'ntél bèch
el fià che me fa viver.
El basterà
per enventàrme ancora
le giornade
e desmissiàr le vòie
presonére
del temp che còre
e smòrza le ilusion.

Desires of a Prisoner

If one day you find me
along side of some cesspool
my head tired
hidden among the feathers
lift me up from the earth
please
breathing into my mouth
the breath that gives me life.
It will be enough
to invent once again
the days
and awaken the desires,
prisoner,
of speeding time
which snuffs out illusions.

Òci che ride

Ala fin
son en paze
Sioredio,
dopo na vita
a mòrder le giornade
per na slinza de sol
en mèz ala tompèsta.
Gh'è na dòna
con mi
che scòlta i mè silenzi
e pian la li desgàrtia
en carézze lizére.
La guèra l'èi finida
Sioredio,
e mi son presoner
ogni matina,
dei so òci che ride
e che me ciama.

Laughing Eyes

In the end
I am at peace
Sir,
after a life
of digesting days
for a spark of sunshine
in the midst of a storm.
There is a woman
with me
who listens to my silences
and slowly unravels them
in gentle caresses.
The war is over
Sir,
and I am prisoner
every morning,
of her laughing eyes
which call me.

Bengàla e mél

Che dòna vòt stassera
arent a ti?
Quela che tase
e scòlta i to silènzi,
lassàndote 'ntél cor
na paza nòva
che profuma de mél
e de rosada?
O vòt na dòna
fata de bengàla,
che 'mpizza la to nòt
coi sofrenèi
scondùdi dentro i òci
e sula pèl?

Fireworks and Honey

Which woman do you want
near you tonight?
She who quietly
listens to your silences
leaving in your heart
a novel peace
having the fragrance of honey
and of roses?
Or would you like a woman
made of fireworks,
who lights up your night
with scorching flames
hidden in her eyes
and under her skin?

Na vòze drìo la porta

Scòlto.
Nissun che bate
ala me porta.
Demò la nòt
col so zèrlo de tèmp
da spartìr coi silènzi.
Sula taola,
en bicér
endò spègio i me òci
e stòfego paure.
Vegnirà dì
anca doman
e 'l sol el zugherà
coi me cavéi
entrà i brazzi piegadi.
Sul font de l'ultima bòzza,
ancora l'ilusion
de na vòze che ciama
e che me vòl.

A Voice Behind the Door

I listen.
No one knocks
at my door.
Only the night
with its basket of time
to share with the silences.
On the table,
a glass
in which I reflect my eyes
and stifle my fear.
A day will come
even tomorrow
and the sun will play
with my hair
in my folded arms.
At the end of the last bottle,
still the illusion
of a voice which calls
and wants me.

Do righe a 'n amico

Se demò
avéssa slargà le man
per binar le to lagrime
e scoltà i to sangiòti
missiàdi a parole …
Se demò
avéss fat dela me spala
en nif
per la to testa straca
forsi
no sarìa chi adèss
a strucar i to dédi engiazzàdi
entél silènzi
pien dela to vòze.

A Few Lines to a Friend

If only
I had opened my hands
to gather your tears
and listened to your sobs
mingled with words …
If only
I had made a nest
of my shoulder
for your weary head
perhaps
you would not now be here
rubbing your frozen fingers
in a silence
filled with your voice.

Tègno per ti, Francesca

Tègno per ti, Francesca
dai òci fòndi
che no conòss ombrie.
Te canti en piazza
postada a na banchéta
i cavéi biondi
en carézze de vènt.
Te canti a zènt
che no te scòlta gnanca
storie d'amor, de paze e libertà.
Dentro di ti
na forza che no zéde,
sògni e speranze regaladi ala luna …
Sula tu pèl
odor de primavera,
stréta en tra i brazzi
na zésta de mimòse.

I am With You, Francesca

I am with You, Francesca
with your deep eyes
which know no shadows.
You sing in the plaza
leaning on a bench,
your blonde hair
caressed by the wind.
You sing to people
who do not even listen
stories of love, of peace, of freedom.
Within you a force which does not yield,
dreams and hopes gifted to the moon …
On your skin
a fragrance of Spring,
tightly in your arms
a basket of mimosa.

Le cavriòle

Dai sgrèbeni alti
le varda zò
coi òci de veludo.
Férme sui cròzzi
a snasar l'aria
e 'ndovinar
da 'ndò che ariva
el lòf.
Come dòne stremìde
'nté le strade stròve,
el cor en gola
e la rabia che crésse.
No basta pu la luna
a smorzar via le ombrìe.
Tréma le cavriòle
e le strangòssa
pradi grandi del sol,
lontan dale paure.

The Doe

From inaccessible locales
they look down
with eyes of velvet.
Firm on the rocks
to sniff the air
in order to guess
from where will arrive
the wolf.
Like frightened women
on streets of shadow
hearts in their mouths
and growing anger.
The moon is not enough
to melt away the shadows.
But the doe shiver
and long for sunlit meadows
far from fears.

A do passi dai altri

Laura.
Òci smorzadi
e bòca de coral.
Quant è restà de ti
drìo quel portòn
a do passi dai altri?
Sdrise de sol
le basa
i to cavéi de séda
e se smìgola el ziel
entorno ala to facia.
Adess te dòrmi,
Laura,
strucando 'nte le man
i to sògni de alora,
pu dòlzi dela pòlver
che te 'mpieniss la gàida.

Two Steps from the Others

Laura.
Eyes closed
and mouth of coral.
How much remained of you
behind that heavy door
two steps from the others?
Streaks of sunlight
kiss
your silken hair
and the sky disperses
around your face.
Now you sleep,
Laura,
holding tightly in your hands
your dreams of that time,
sweeter than the dust
that floats in your lap.

... e i lugherini l canta

No sò pu del temp
che le illusion
le me brusava l'anima
e scotàva le man
dala vòia de viver.
I dì
i gaveva el saòr
dei pòmi apena binàdi
e bastava en fià del sol
per desmissiar canzon
enté la gola.
L'e en prà de mìgole
adèss la mè finèstra
e i lugherini i canta
per farme compagnia.

Antonia Dalpiaz

... And the Siskins Sing

I no longer remember the time
when the illusions
set fire to my soul
and burned my hands
with the desire to live.
The days
had the flavor
of fresh-picked apples
and a sliver of sunlight was enough
to awaken songs
in my spirit.
It's a meadow of crumbs
now my window
and the siskins sing
to keep me company.

I nòssi segreti

L'è na fiéta de noi,
quela sconduda,
che sgòla la matina
vèrs la luna
za bianca e 'ndormenzàda.
L'è tuti quei segrèti
che sgrifa el ziél de brasa
come ròndole mate.
L'è sògni mai contadi
o amori presonéri
de sbòfe de saòn,
sofiade fòr dal còr
per endolzìr la vita.

Our Secrets

It is a slice of us,
the hidden one,
that lets fly the morning
toward the moon
already white and asleep.
They are all those secrets
which scrape the firmament of embers
like crazed swallows.
They are dreams never told
or love prisoners
of spheres of soap
blown from the heart
in order to sweeten life.

No son nì

Lasséme star
da sol
su sta banchéta
e né lizéri
per le vòsse strade.
No gaverò paura
del silènzi,
perché i ricordi
i parla
i brusa
i tase.
Lasséme ciacerar
col vent e i fiori
e rider come en pòpo
che strangòssa
de 'mpresonar colori
'nte le man.
No son finì.
Gò ancora en s'ciap
de sògni da zugar.
E vinzerò,
sul temp e sui dolori.

Antonia Dalpiaz

I Am Not Finished

Let me remain
alone
on this bench
and go easily
on your way.
I'm not afraid
of the silence,
for memories
speak
burn
obliterate.
Let me chat
with the wind and the flowers
and laugh like a baby
who wants to
imprison the colors
in its hands.
I am not finished
I still have a fistful
of dreams to play.
And I shall win,
over time and its pains.

Storia de na dòna

Quant sat de mi
dopo na vita ensèma
a sgranar i silènzi
sòra la taola lònga
de cosina?
Te m'hai voluda
en dì de primavera,
bianca de sògni
e rossa de paura.
Da quel moment son tua
e svoltolén i dì
senza parlarne
per paura de dir
de pur de quel che ocor.
Ma 'ntel stròf dela nòt
me fago arènt a ti
e parlo e conto
de mi come che son,
de quel che no son stada,
de quel che volerìa.
Te parlo e conto,
entant che ti te dòrmi.

Story of a Woman

How much do you know about me
after a life together
to scrape the silences
on the long table
in the kitchen?
You wanted me
on a Spring day
fair with dreams
and blushed in fear.
From that moment I was yours
and we look back on the days
without speaking to each other
for fear of saying
how much more has happened.
But in the darkness of night
I come near to you
and I speak and tell
about how I am,
of that which I have not been,
of that which I would want.
I speak to you and tell stories,
while you sleep.

A ti

Saràlo l'aria
de autun
che 'mpìzza i to òci
'ndò s'ciòca castagne
e bala fòie
sui ultimi colori
dela tèra?
Le to man,
calde d'istà
le zerca i me cavéi
per spatuzzàrli
e scònderghe la bòca
tuta en baso.
No servirà spetar
la primavera
l'e cossì bèl
brusar 'ntra i to brazzi
entant che 'l vènt el zuga
cola bruma!

To You

It will be
the air of Autumn
that ignites your eyes
in which they crush chestnuts
and leaves dance
on the final colors
of the earth.
Your hands
warm as Summer
feel for my hair
to uncomb it
and hide your lips
within a kiss.
It is no use
waiting for
the Spring,
it is so beautiful
burning in your arms
while the wind plays
with the hoarfrost.

Òmeni de paés

Quatro, zingue
ensèma
sule caréghe portade da casa
a spiar la vita
che pégra
la se désfa 'nté la piazza.
Bisèrdole al sol,
coi colori
dei muréti sgrostadi,
i masna storie,
robade da na ròndola curiosa,
vècia perpètua
arènt al campnil.

Men of the Village

Four or five
together
on chairs removed from their homes
to watch life going by
what laziness
melts away on the piazza.
Shining in the sun
with the colors
of the paint-pealed walls,
and they grind out stories,
stolen from a swallow
curious, as a priest's- house-keeper
along side of the bell-tower.

Ultima ròndola

Agnese,
ulitima ròndola
de 'n paés che mòre,
te bini 'ntel grombial
pugni de sarmentèi
per legar i ricordi
missiàdi a quei silenzi
de campane
che te 'mpieniva el còr
de Ave Marie.
Entant te canti,
Agnese,
per sentirti men sola
e 'l vent el te vèri drìo
squasi en sordina
per farte compagnia
quando l'e sera.

The Last Swallow

Agnese,
the last swallow
in a village which is dying,
you gather in an apron
fistfuls of vines
to tie up the memories
mixed with those silences
of the bells
which fill your heart
with Ave Marias.
Meanwhile you sing,
Agnese,
to feel less alone
and the wind breathes with you
almost stealthily
to keep you company
when night falls.

Riòn desmentagà

Vèn vòia de zigar
enté le strade
per desmissiàr le vòzi
de na volta,
adèss desmentegàde
'ntéi cantoni.
Silènzi
presonér de terlaine
fate su a giòmi
'ntrà le porte stròve.
"Vietato giocare con la palla"
pianze en cartèl
enruzenì dai ani.
El vènt el passa pian,
senza voltarse,
scarmenàndo le fòie
sui scalini.

Forgotten Neighborhoods

I have an urge to howl
in the streets
to wake up the voices
of a time gone by
now forgotten
in the corners.
Silence
prisoner of a spider web
made like a ball of thread
in the dark doors.
"Playing Ball Is Forbidden"
cries a sign
rusted by the years.
The wind flows by slowly
without changing course
scattering the leaves
on the lonely steps.

Gòzze

Gòzze.
Sangiòti de colori
sula préda.
Una drìo a l'altra
le rùdola 'nte l'aria
pò le s'ciòca
come dedi che 'nvènta
na canzon.
Gòzze.
Una drìo a l'altra.
Gèsti de sempre
che l'tèmp el masna
ensèma ale stagiòn.

Drops

Drops.
Colored hiccups
on the stones.
One after the other
wallowing in the air
then cracking
like knuckles composing
a song.
Drops.
One after the other.
Unending gestures
which time grinds down
together with the seasons.

Ste man

Ste man,
che volerìa spacar el mondo,
taiar l'aria,
spegar la tèra
per en pugn de farina.
Ste man, rabiose,
che sfòdega 'n la credènza
per na fiéta de pan.
Quand'èlo che
sentirem de nòf
rider sta casa?
Empienìssi ste man
Sioredio,
perché cossì l'è pradi séchi
e fiori senza odor.
Empienissele
prima che sòna la campana
dele dodese,
quando i se sènta
entorno ala taola
vòida, come i me òci
che no gà pu lagrime.

These Hands

These hands,
which would like to split open the world,
cut through the air,
tear the earth
for a fistful of flour.
These angry hands
which rummage the cupboard
for a slice of bread.
When we still hear
laughter in this house?
Fill up these hands
Sir,
for they are dry meadows
and flowers devoid of fragrance.
Fill them up
before the mid-day bell
sounds,
when they sit around
the table
empty, like my eyes
which have tears no longer.

Saòr de zucher

Negàrme
'ntei òci
de 'n popo
e rudolar zò
'ndò che l'anima
l'è demò pradi segadi
e ziéli gualìvi.
Zò, sempre pu zò,
'ndò che 'l tèmp
el gà el saòr de zucher
e la nòt l'èi en gatèl
da ninar de scondòn.

The Taste of Sugar

To be drowned
in the eyes
of a child
and roll down
where souls
are but variegated meadows
and tranquil skies.
Down, always further down,
where time
has the taste of sugar
and night is a kitten
curled up in hiding.

Vita stremìda

Demò per en minut,
no domando de pu,
vòi far i affari tòi.
Làssete scavàr dént,
endò te tègni scònta
quela vita pu vera,
presonéra de ti.
Vita stremida
ma ancora da arlevar
come un pòpo en le fasse.
Làssete scavàr dent.
Sarà carézze i dedi
e dòlze le parole.
Ariverén col tèmp
endò scomìnzia el dì
e more pian la nòt
ensèma ale paure.

Frightened Life

Only for a minute,
I do not ask for more,
I want to look into your affairs.
Let me dig within,
where you have hidden
that more veracious life,
your prisoner.
Frightened life
but still to breed
like a child bundled up.
Let me dig within.
Caresses by fingers
and sweet words.
We will arrive with the time
of the beginning of the day
when night slowly dies
together with your fright.

La stagiòn dei ordalisi

Na ventàla de sògni,
la me vita,
rèfoi de primavera
su bùti de giornade
massa corte.
Voie zigade al sol
e amori tèndri
ninadi dentro 'l còr
come oseléti.
El temp l'à somenà le sò
misèrie
dolori vivi
e mai desmentegàdi,
ma sògni i è restadi.
E i canta la stagiòn
dei fiordalisi.

The Season of the Fleur- de- Lis

A fanciful fan of dreams,
my life,
a breath of Spring
on buds of days
too short.
Desires to howl at the sun
and tender loves
cradled in the heart
like tiny birds.
Time has sown its miseries.
Live pains
never forgotten,
but the dreams have remained.
And they sing of the season
of the Fleur-de-Lis.

S'a davèrt la stagion.

(…è scominzià la guera…)

S'a davèrt la stagion.
Le bedòle le tréma
e i passeri i se scònde
'ntrà le fòie.
I cagni i snasa
e i péstola sul mus'cio.
En colp
che sbréga l'aria,
qualcòss che casca …
Sangiota el nif
ancora calt de pùme.

The Season Has Opened

(... and the war begins ...)

The season has opened,
the birch trees shiver
and the sparrows hide
within the leaves.
The dogs sniff
and walk on the moss.
A jolt
which fractures the air,
something falls ...
A nest weeps
still warm in its foliage.

Fiori de cristal

(dedicata al Rifugio Garbari ai "12 Apostoli",
nel cuore del Gruppo di Brenta)
(testo armonizzato dal Maestro Roberto Gianotti)

Se davèrze le zime
'nté na luce
scampàda fòr
da nùgole de séda.
El sol el basa i mughi
e i li desmissìa
empizzàndo falìve
'nté la rasa.
Scavàda dentro i cròzzi
na cesòta.
La par na cròss
che ciama a le orazion.
E dént,
fr zènto mazzi de brocòn
lori i amizi,
che adèsso no gh'è pu.
Par che i ne conta storie
de montagna,
sentéri lònghi
che arriva ensìn el ziel.

Canzon cantade
'nté la nòt solagna
per farse compagnia
su 'n pradestèl.
I ne carézza el còr
coi sò silènzi
che smìgola la néf

sora le zime.
E dal rifugio
zò fin ala val,
buta per quei che resta
i fiori de cristal.

Flowers of Chrystal

(dedicated to the Garbari Refuge to the "12 apostles",
in the heart of the Group of Brenta)
(text harmonized by Maestro Roberto Gianotti)

The peaks open up
in a light
escaping from silken clouds.
The sun kisses the bushes
and awakens them
sending off sparks
onto the resin.
Carved into the rock
a tiny chapel.
It seems like a cross
calling to prayer.
And inside,
one hundred bundles of heather,
they, the friends,
which are now no longer present.
They always tell us tales of mountains,
long paths
which reach up to the sky.
Songs sung

during a solitary night
to create company
on a tiny meadow.
They lovingly stroke our heart
with their silences

which peal the snow from the peaks.
And from the retreat
down below to the valley,
are born for those who remain,
the flowers of crystal.

Davèrzi la nèstra

Me tègno fissa
ai vedri empolveradiche 'l sol el nèta
col fià dela matina.
Scampàda fòr
dai dedi dela nòt
gò vòia de toncarme,
'nté la luce.
Daverzi la finèstra …
I fòvi rossi
i spèta le mè ale
e istéss fa el ziel
e l'aqua de sortiva.
Daverzi la finèstra…

Open the window ...

I stand firm
before the dusty glasses
which the sun cleanses
with the breath of morning.
Having fled
from the fingers of the night
I desire to immerse myself
in the light.
Open the window ...
The red beech trees
await my wings
as does the sky
and water from the springs.
Open the window...

Gh'e sempre na conchilia

Sabia.
Bianca, calda, fina,
Endò scònder la tèsta
en zérca de la paze
mai trovada.
Sabia.
Per stofegàr misèrie
e 'ndormenzàr paure.
Ma 'nté la sabia
gh'è sempre na conchilia
regalàda da 'n mar
sgiònf de tompèsta,
vif de gabiani
famadi dela tèra.

There Always is a Conch Shell

Sand.
White, warm, fine.
In which a head is hidden
in search of a peace
never found.
Sand.
To suffocate miseries
and put fright to sleep.
But in the sand
there always is a conch shell
gifted by a sea
swollen by a storm,
alive with gulls
famished for earth.

L'è massa prést per zéder

Pòlsa el cor
sul cossìn dei ricordi
e 'l pensiér el se calma
come pòpo en la gàida.
Ma la carne l'èi viva
e la ciama.
Gh'è ancora tera negra
da vangar
per bùti de speranza
e 'l rossignòl el canta
al prim sègn de giornada.
L'è massa prést per zéder.
Da 'n mandorlàr en fèsta
sgòla 'n arcobaleno.

It Is Too Soon to Yield

The heart rests
on a cushion of memories
and thoughts are becalmed
like a child on mother's lap.
But the flesh is alive
and calls.
There is still black earth
to turn up
for sprouts of hope
and the nightingale sings
at the first sign of day.
It is too soon to yield.
From a blossoming almond tree
comes forth a rainbow.

Gh'è na luce stassera

Gh'è na luce,
stassera,
che empìzza I òrti
e le stradèle.
I l'ha robati I gati
dai fianchi de la luna
e i la soména
'ntra i portoni avèrti
'ndo l'amor
el scònde le so vòie.
E le demò sospìri,
parole stofegàde
dai basi dati emprèssa.
Rosada frésca
sui brazzi,
el còl
le spale.
Fià che empitùra
I muri de la nòt.
Gh'e na luce
stassera,
su l'onda de na drézza
spatuzzàda …

There Is a Light This Evening

There is a light,
this evening,
which lights up the gardens
and the little roads.
They stole the cats
from the side of the moon
and the seed bin
in the open doors
where love hides its desires.
And they are only sighs,
words suffocated
by hurried kisses.
Cool dew
on the arms,
the neck
the shoulders.
Breath which paints
the walls of the night.
There is a light
this evening,
on the shadow of her hair
uncombed…

Per desmissiar la nòt

Parecerò la taola
coi bicéri pu bèi,
la tovaia de piz
e le candéle.
Me vestirò de séda
e de profumi
lassàndome i cavei
zo per le spale.
Per desmissàr la nòt
e 'nsèma a éla
i to òci de sempre.
Te 'nviderò a balar
parlàndote pian pian
ente le récie,
come na volta,
quando treméva la luna
sui cossìni,
i làori i era rossi
e bianche le to man
su la mè pèl.

To Awaken the Night

I will set the table
with the most beautiful glasses,
lace napkins
and candles.
I will get dressed in silk
and in perfumes
leaving my hair
loosely falling on my shoulders.
To awaken the night
and together with her
your steady eyes.
I will ask you to dance
Speaking to you so softly
in your ear,
like that time
when the moon shivered
on the pillows,
your lips were red
and white your hands
on my skin.

I pradi desmissiàdi de la nòt

Smigolo pensiéri
'nté la nòt pù stròva
come lupo famà
de vita nòva.
Zìgo ale ombrìe
la me vòia de luce
e la vòze la ràmpega,
rudolàndo 'nté l'aria,
sòra le case,
dént da la finèstra.
Desmissiàr, mi vorìa,
le creture che dòrme.
Le dòrme massa,
cocolade dai brazzi
del silènzi.
Vorìa canti,
sospiri
man che se zérca
e bòche che se basa.
Vorìa che sta me anima
la ridéssa de vita,
slargàda fòra come valanzàna
sui pradi desmissiàdi
de la nòt.

Antonia Dalpiaz

The Wakeful Meadows of the Night

Crumbs of thoughts
in the darker night,
like a wolf hungry for new life.
Howling at the shadows
my desire for light
and the voice entwines itself
wallowing in the air
over the houses
in the windows.
I would want to awaken
the sleeping creatures.
They sleep too much,
curled up in the arms
of silence.
I would like songs
sighs,
hands which search for themselves
and mouths which kiss themselves.
I wish that this my soul
would shine with life,
opened like a bedspread
on the wakeful meadows of the night.

Lizéra come 'n ensògni

I te ricorderà,
sentadi entorno
ai fòghi del destrani
alta come bedòla,
viva, rabiòsa
e dòlza pu de l'ùa.
Calda
come na brasa,
la testa endrìo,
per bòca na risada.
Te resterai
sul fén emprofumà,
soto la foia granda
de la vigna,
lizéra come 'n ensògni
quel che no mòre,
quel che ne basa,
el ride,
e 'l torna a nar.

Lightly As in a Dream

We will remind you,
seated around
the fire of nostalgia
high as a birch-tree,
live, angry
sweeter than grapes.
Warm as in arms,
head back,
a laughing mouth.
You would stay
on perfumed hay,
under the lofty leaves
of the vine,
lightly as in a dream,
he who does not die,
he who kisses us,
and laughs,
and leaves.

Compagna de na nòt

Slargo i brazzi
per binarla tuta
sta vita
che rùdola come bala
de fén
su la mè pèl,
prà de prapavari
rossi e davèrti al sol
che 'l s'ciòca,
e 'l brusa,
e 'l ride 'ntrà i cavéi
che sa de vènt e tèra.
Come formìga
tèngo da man
quel tant che dròpo
per l'inverno che arìva.
Zigàla,
canto a la luna,
compagna de na nòt,
quela pù bèla.

Companion of a Night

I open my arms
to gather
all of this life
which winds like
a ball of hay
on my skin,
fields of poppies
red and open to the sun
which scourges them,
and burns them,
and makes them sparkle in my hair
which tastes of wind and earth.
Like an ant
which preserves
whatever happens
for the coming Winter.
Cicada,
a song to the moon,
companion of a night,
the most beautiful one.

En gat canta la luna

Coèrta,
la nòt,
per I amori empizzàdi
drìo la finèstra strove.
L'aria
l'è na carézza
sui brazzi dele case.
Brusa
la pèl dela tèra
e 'n gat
canta a la luna,
nuda e calda
sul fianch dela montagna.

A Cat Sings at the Moon

Covered,
the night,
for the ignited loves
behind a dark window.
The air,
a caress
on the arms of the houses,
burns
the skin of the Earth
and a cat
sings at the moon,
nude and warm
on the side of the mountain.

Tut de còlp

En fil de paia
sula to pèl
che spèta
na carézza
per le to spale stràche.
Arènt a ti,
la testa postàda ala man,
i dinòci encrosadi,
te vardo.
Par che te dòrmi,
ma tut de còlp
buta na viola
'ntrà i to dedi avèrti,
pò n'altra
e n'altra ancora.
I me cavéi
l'è en prà
e la to bòca
l'aqua de sortiva
'ndò negar i basi,
a primavera.

Suddenly

A thread of hay
on your skin
which awaits
a carress
for your tired shoulders.
Next to you,
my head leaning on my hand,
my legs crossed,
I look at you.
it seems that you are asleep,
but suddenly
a violet bud bursts
among your separated fingers,
then another
and still another.
My hairs form a meadow
and your mouth
spring water,
in which kisses drown,
in Springtime.

La pèl de l'anima

Tè sei
alba ciara
dopo la tempèsta
e la to pèl
la gà l'odor de l'aria
lavada via
da nùgole rabiòse.
Tè sei
posto sicur
per i me passi stràchi,
per le parole
che conta la me vita.
Strùcheme a ti,
te sentirai
la pèl de l'anima.
Bàsala pian,
la fiorirà
al calt de la to bòca.

The Skin of My Soul

You are
a dawn so clear
after the storm
and your skin
has the odor of air
washed away by
furious clouds.
You are
a secure place
for my tired steps,
for the words
which tell of my life.
Embrace me tightly,
and you will feel
the skin of my soul.
Kiss it slowly, and
the warmth of your mouth
will blossom.

Stò viver

Stò viver che me ciapa
come la tèra
stordìda da na viola.
Brusa la pèl de l'anima
per na carézza
o un baso dela luna.
Na luna granda,
quela che 'ndòra tuta
la montagna.
Quela ch 'mpizza i pradi
de mistèri
contadi dala voze dela nòt
che 'nvènta i 'nsògni
soto i castagnari.

This Living

This living which takes me
like the earth
bewildered by a violet.
Burns the skin of the soul
By means of a caress,
or a kiss from the moon.
A full moon.
which guilds the entire
mountain.
Which lights up the meadows
of mysteries
related by the voice of the night
which invents the dreams
under the chestnut trees.

E ti, con mi

Ghe sarò
'nté l'ora
pù chièta dela sera,
quando pòlsa la vita
su l'onda dele ombrìe.
Ghe sarò.
I passi pégri
e 'l sangue che no bòie,
ma el zuga 'nté le vene,
calt de emozion
e zoven de ricordi.
E ti con mi,
còr de 'n papavero,
'ndò postar la tèsta
en la me nòt.

And You, With Me

I will be
at the calmer hour
of the evening,
when life rests
on the wave of the shadows.
I will be.
slow steps
and blood not seething,
but playful in my veins,
warm with emotion
and young with recollections.
And you with me,
a heart of a poppy
where I rest my head
in my night.

Te sei la mè giornada,

Te sei la mè giornada,
sol che me 'mpìzza
e aqua che sfredìss.
Tormént e paze,
òci che ride
e réce che no scòlta.
Tè sei
brazzi che ciama
e bòca senza basi,
còr che me envida,
zervèl che me slontàna.
Te sei come la féver
che brusa la me pèl,
'nté na nòt che fiòca
na risada de luna.

Antonia Dalpiaz

You Are My Daylight

You are my daylight,
a sun which ignites me
and water which refreshes.
Torment and peace,
eyes that laugh
and ears which do not listen.
You are
arms which call me
and a mouth empty of kisses,
a heart which invites me,
a brain which distances itself.
You are like a fever
which burns my skin,
during a night in which snow falls
from a laughing moon.

Anima viva

Anima viva
en mèz
ala tompèsta,
'ntrà saiéte che vorìa brusàrme
e tòni fòndi
che spaca i me silènzi.
Anima viva
quando che 'l sol el brusa
e la mè pèl la scòta
e i làori i ride.
Anima viva
en dinociòn sui cròzzi
a parlarte de mi,
coi brazzi avèrti
e 'n grazie
dént ai òci.

Living Soul

Living soul
in the midst
of the storm,
among lightning bolts that would burn me
and resounding thunder claps
which split open my silences.
Living soul
when the sun ignites
and burns my skin
and my lips laugh.
Living soul
kneeling on the rocks
speaking of me,
with arms open
and a thanksgiving
in my eyes.

Strana la vita e bèla

Strana la vita e bèla.
Dòna che ne tèn tuti
sula còrda,
con lònghe ociàde calde
che empìzza le passiòn.
La passa,
movèndo avanti e 'ndrìo
la vèsta larga,
la smòrza la risada
en lagrime de vènt.
E pò la canta,
balando per le strade,
le man sòra la tèsta
e i péi descòlzi.
La canta e la ne ride,
zugando e scondiléver
coi pensiéri.
Strano la vita e bèla.

Life Strange and Beautiful

Life strange and beautiful.
Woman which holds all of us
on the umbilical cord,
with long warm looks
which ignite the passions.
She passes by
moving to and fro
skirt fully flowing,
stifles a laugh
in tears of wind.
And then sings,
dancing in the streets,
her hands upon her head
and her feet naked.
She sings and laughs about it,
playing at hiding
with her thoughts.
Life strange and beautiful.

Sgrìsoi de vita

Ò empresonà en te 'n sach
la mè malinconia
e l'ò portada su
en do finìss I mughi
e se tòca le nùgole
coi dedi.
L'ò scarmenàda
Entra le stéle alpine
e su tòchi de giaz
che par diamanti grézi.
La s'è sfantada
senza far rumor
lassàndome en té i òci
sgrìsoi de vita nòva
lizéra
come el fià dei matelòti
che zuga a scondiléver
en t'éi pradi.

Antonia Dalpiaz

Tremors of Life

I have imprisoned in a sack
my sadness
and have taken it above
where the rose-bay end
and they touch the clouds
with their fingers.
I have scattered them
among the Alpine stars
and on crystals of ice
which appear like grey diamonds.
coming loose
silently
leaving in my eyes
tremors of a new life
light
like the breathing of children
playing at "hide and seek"
on the meadows.

Qualcòss de noi

Qualcòss de noi el rèsta
'ntel fià de sta vita…
fussa sol na carézza
regalàda coi òci
o na risada
scampàda dala gòla…
Fussa sol na parola
per liberar silènzi
e vedèrli balàr
sui muri dela nòt.

Something of Ours

Something of ours remains
in the breath of this life…
Perhaps only a caress
gifted by the eyes or a laugh
escaping from the throat…
Perhaps only a word
to free the silences
and see them dance
on the walls of the night.

About the Author

Antonia Dalpiaz's work, both poetry and prose, appears in many anthologies. She has written plays both in dialect and in Italian, and has three books published. "An Imperfect Woman", "A Birthday Gift", and "Double Skin". She lives in Trento, Italy with her husband and has two children.

Michael F. Capobianco is Professor Emeritus of Mathematics at St John's University, New York. He has been writing and translating for some forty years and has ten books and several short stories and poems published some of which have won awards. He lives in Brooklyn, New York with his wife, Teresa.